LaSabri

CAVOLINI

disegni di
Felipe Echeverri

Rizzoli

Ciao Cavolini!

Voi non potete sapere quanto io sia felice ed emozionata per il libro che ora tenete tra le mani. È una cosa a cui tengo davvero tantissimo e ho fatto il possibile per realizzarla proprio come la vedete ora. Riuscite a immaginare perché? Facciamo qualche passo indietro...

Come alcuni di voi forse già sanno, io sono letteralmente cresciuta con i fumetti dei Peanuts: quelli disegnati da Charles M. Schulz, con Snoopy, Woodstock, Charlie Brown, Linus e così via. Li leggevo sempre quando ero piccola e... be', in realtà non ho mai smesso, perché mi piacciono talmente tanto che conosco tutte le strisce a memoria. So anche tutto del loro autore e della sua storia, e non riesco a pensare a lui senza considerarlo uno della mia famiglia!

Quando ho smesso di fare la modella e ho iniziato con i tatuaggi (prima non potevo, perché alle modelle è sempre richiesto avere un corpo "pulito"!), ho scelto subito di tatuarmi i miei personaggi del cuore: Snoopy e Woodstock sul polso destro e poi, siccome sono fissata per la simmetria, Charlie Brown e Linus con la sua inseparabile coperta su quello sinistro. Sono sempre stata molto fiera di questa scelta: dovessi tornare indietro, la rifarei all'istante! E poi...

E poi è successo che quattro anni fa ho aperto il mio canale YouTube e da quel momento è iniziata la parte forse più divertente, entusiasmante e assurda della mia vita! All'inizio parlavo quasi solo della mia passione per i videogiochi ma poi, grazie soprattutto a voi, ho iniziato ad allargare il discorso e a occuparmi anche di altre cose. È stato un po' come crescere insieme, io e voi, e di sicuro, se posso almeno sperare di avervi insegnato qualcosa, devo dire che invece io da voi ho imparato tantissimo!

Nel 2017 è uscito il mio primo libro, *#Play*. Ero un po' titubante all'inizio, perché non volevo fare un libro così tanto per farlo ma mi interessava soprattutto trovare un modo per divertirci e giocare insieme. Quindi l'ho riempito non solo con la mia storia e le mie passioni, ma anche con alcuni giochi per voi e con i vostri bellissimi disegni. La vostra reazione, all'uscita del libro, è stata straordinaria: mi avete travolta con un sacco di affetto ed entusiasmo! Questa per me è stata una cosa preziosa, perché mi ha fatto venire voglia di inventarmi qualcos'altro per sorprendervi e per ricambiare il più possibile tutto l'amore che mi fate sentire ogni giorno.

E così, complice la mia follia (ormai ve ne sarete accorti che sono un po' pazza, sì?), un'idea ha iniziato a girarmi in testa... mi è venuto in mente che avrei potuto raccontarvi la mia storia e la mia vita quotidiana in un modo nuovo e diverso, partendo proprio dalle mie origini, e quindi dalla mia grandissima passione per i Peanuts. Avrei fatto un mio tributo, un vero e proprio omaggio, a Schulz e ai suoi straordinari personaggi, quelli che mi accompagnano da sempre. Come? Ma con un libro di fumetti ovviamente! Un libro di fumetti in cui, al posto di Snoopy, Linus e gli altri, ci fossimo io e tutti i personaggi che popolano il mio coloratissimo e caoticissimo mondo.

Avevo un sacco di idee a proposito: momenti buffi o episodi divertenti che mi capitano tutti i giorni, storie che ho vissuto e che in fondo possono succedere un po' a chiunque, attimi di tenerezza ma sempre con un pizzico di follia... Certo, nella mia testa era tutto molto chiaro, ma come potevo fare a trasferire queste immagini sulla pagina per poterle davvero condividere con voi? Mi sono resa conto che dovevo trovare la persona giusta che potesse aiutarmi, disegnando con lo stile giusto le situazioni che avevo in mente.

Un giorno mi è capitato di parlarne con il mio amico Peo, che conoscete bene anche voi che mi seguite e che effettivamente è bravissimo a disegnare (anche se, come vedrete più avanti, anch'io non me la cavo poi così male... vero?!). Lui si è entusiasmato e ha iniziato a fare delle prove: non è stato facile neanche per lui trovare subito lo stile adatto. Poi, dopo qualche tentativo, ho capito che c'era riuscito... e da quel momento in poi ho iniziato a riempirlo di idee, stimoli e battute, che lui ha saputo trasferire sulla carta in quel modo semplice, diretto e spiritoso che contraddistingue anche i miei amati fumetti dei Peanuts.

Ho voluto mettere davvero un po' di tutto nelle mie vignette: il mio amore Sascha e i miei migliori amici (sono sicura che li riconoscerete tutti, e che vi faranno ridere almeno quanto fanno ridere me!), la mia famiglia e le sue stranezze, la mia bellissima Dorothy... e naturalmente anche voi, perché siete una parte fondamentale della mia vita e non potrei mai neppure immaginare di stare senza le vostre risate, le vostre domande e i vostri abbracci. E senza la vostra puzza...!

C'è anche Zako, che anzi è quasi il protagonista del libro, e i miei undici gatti, che come sempre ne combinano di tutti i colori. E poi ci sono io: bambina, a scuola o mentre do una mano ai miei – ma sempre a modo mio ovviamente – e io oggi, a casa o in viaggio, al lavoro o ai raduni, quando gioco con gli amici e... quando invece mi capitano tutte quelle situazioni che mi fanno esclamare: «Cavolini!».

Però, aspettate... non vi sarà mica venuto in mente che il mio libro di fumetti sia fatto solo di fumetti?! Assolutamente no! Anche questa volta, ho voluto inserire qua e là delle piccole sorprese per voi. Non mi andava di fare un libro "chiuso", che finisce quando si sfoglia l'ultima pagina. Volevo invece dar vita a un'altra avventura che ci permettesse di essere ancora più vicini e di continuare a stare in contatto e a divertirci insieme!

Quali sono queste sorprese? Be', prima di tutto ci sono le pagine *Scrivi tu*, in cui trovate delle vignette senza testo. I balloon vuoti sono lì per voi: usate tutta la vostra fantasia per riempirli con le frasi più simpatiche che vi vengono in mente, poi fotografateli e postateli su Instagram con l'hashtag **#Cavolini**. Così potrete divertirvi a scoprire le idee che sono venute agli altri... e soprattutto far divertire anche me, perché vi prometto che le leggerò tutte! E poi ci sono gli stickers, anche quelli con i relativi hashtag. Attaccateli dove preferite, fotografateli e postateli per farmi vedere le vostre creazioni più divertenti!

Nelle strisce di questo libro ho voluto davvero mettere tutta me stessa e il mio coloratissimo mondo, per cui spero proprio con tutto il cuore che vi piaccia. Lo volete proprio sapere? A me piace fino all'infinito e oltre!! Guardate bene i dettagli di ogni vignetta, morirete dal ridere!

Ora però ho parlato fin troppo, non vi sembra? È venuto il momento di lasciar parlare i fumetti! Leggeteli, divertitevi e poi fatemi sapere cosa ne pensate.

Spero di vedervi presto, Cavolini! Continuerò a girare l'Italia per potervi abbracciare tutti, uno per uno, promesso!

Sabri♡

Ecco fino a che punto si spinge la mia follia: in Giappone mi sono fatta persino fare una caricatura in stile Peanuts! Mi è sembrato il modo migliore per mettere insieme tutte le mie passioni: Giappone, Peanuts, gatti, Zako... e vabbe', anche Sascha ovviamente!

LaSabri
Sascha
Zak
Dorothy
LaNichi
Thomas
ILPapà
LaMamma
Andre
Giulio
Peo
Topi
LaNonna
Tudor
Favij
Pietro

Vegas
Stepny
Surry
Giulia Penna
Mirta
Artù
Leone
Fujiko
Zorro
Fiamma
Piffle
Creamy
Salem
Bubi
Buzz
Frank
(Gatto immaginario)

capitolo 1

VITA DA SABRI

TU SEI TROPPO SIMILE A LUCY DEI PEANUTS
FORSE DEI BAFFI TI POTREBBERO STARE BENE!

MA ANDIAMO! TROPPO REALISTICA!
TU SEI PERFETTA!

ESSERE SE STESSI È LA COSA PIÙ BELLA CHE CI SIA!
I L♥ CA
CARTOLERI

CIAO ZAKO!
SNIFF SNIFF
SMETTILA DI FARE L'ESAGERATO!

ECCO FATTO, LA CENA È PRONTA
RICETTE DI ZIO PEO
ORA DEVO SOLO STARE ATTENTA A NON FARLA BRUCIARE
RICETTE DI ZIO PEO
TANTO È FACILE, BASTA METTERE IL TIMER E...
RICETTE DI ZIO PEO
UUUH, UN AGGIORNAMENTO DI POKÉMON!
RICETTE DI ZIO PEO

CHE RIDERE IL NUOVO VIDEO DI SURRY!
UN CUORICINO PER LA FOTO DEL MIO AMORE...
POP
BELLA QUESTA CANZONE!
CAVOLINI!

AMORE, SVEGLIA! HO VOGLIA DI GELATO!
ADESSO?! MA, AMORE... SONO LE TRE DI NOTTE!
DAJE, LO VOJO ANCHE IO
MA TANTO IL SUPERMERCATO È APERTO SEMPRE! ANDIAMO!
'NNAMO AL SUPERMERCATO, FORZA!
MA NON DOVREMMO PAGARLI PRIMA?
NON CAPISCO DI COSA PARLI

!
CRIIIK
CHI È?
PROPRIO STASERA CHE SASCHA NON C'È! NON SARANNO I LADRI?!
FIUUUUH

GHHH...
MMMMHH...
AMORE, MA COS...
NON MI DISTRARRE! STO GIOCANDO A CHI RIDE PRIMA CON ZORRO!

COSA C'È? NON HA MAI VISTO NESSUNO FARE UN PO' DI SPESA PER I GATTI?
4 KITTY
SABBIETTA
SNACKS
SABBIETTA
SNACKS
4 KITTY
SABBIETTA
SABBIETTA
SNACKS
4 KITTY
SABBIETTA
SNACKS

NEVICA! VOGLIO USCIRE A GIOCARE!
MMMMMH... NON AVRÒ FREDDO?
ECCO, COSÌ DOVREBBE ANDARE BENE

BRRRR
BRRRR
BRRRRR
CAVOLINI... QUANDO ARRIVA L'ESTATE?!

I miei disegni

LA MIA VITA CON 11 GATTI

Eh sì, la mia vita quotidiana è anche questo... soprattutto quando arriva il momento della pappa e i miei undici gatti si trasformano in una specie di tornado capace di stendermi, letteralmente! Ma sono o non sono dolcissimi? Io li adoro!

Sabri

BUBI
Sabri

KITTY CRUNCH
LA PAPPAAAAAAAAA

AIUTO

È ORA DI FARE UN PO' DI SPORT!
GHH...GGHH!
PRIMA DI TUTTO, BISOGNA RISCALDARSI BENE!
POI ALLENIAMO GLI... GHH... GLI ADDOMINALI!

GNAM!
E... GHHH
E LE BRACCIAAAAAH!
MA SEI SICURA CHE SIA IL MODO GIUSTO DI FARE GINNASTICA?
PROVACI TU SE PENSI CHE SIA COSÌ FACILE!

A POSTO COSÌ?
NO, NE VORREI ANCORA, GRAZIE
POSSO AVERNE ANCORA PER FAVORE?
MMM... NE PRENDO ALTRI DUE!
I POPCORN NON SONO MAI ABBASTANZA!
BUP

AMORE NON TI POSSO PORTARE
NON MI GUARDARE CON QUEGLI OCCHIONI, NON TI POSSO DAVVERO PORTARE!
SE DICO NO È NO! NON TI POSSO PORTARE
CAVOLINI

AMORE, HO I GATTI IN CAMERA. PUOI DIRE LA PAROLINA MAGICA?
YOUCAT
ISCRIVITI
LA PAPPAAAAA!
AHAH, FREGATI!
E ORA COSA MI INVENTO??

PIÙ A SINISTRA!
MOLTO PIÙ IN ALTO!
UN POCHINO APPENA A DESTRA...
ECCO, COSÌ VA BENE! SCATTA!

GUARDA NICOLE, TI INSEGNO A FARE IL SALTO MORTALE!
VA BENE!
PRIMA SALTI...
... POI TI GIRI...
... E ATTERRI! HAI CAPITO TUTTO?

È FACILISSIMO! ADESSO PROVO IO!
BRAVA!
ECCO, ADESSO APRITI!
COME SONO ANDATA?
CAVOLINI!

SVEGLIA AMORE, SONO LE 9!
CINQUE MINUTI E MI ALZO...
AMORE ALZATI, SONO LE 10!
SÌ SÌ, HO MESSO LA SVEGLIA FRA CINQUE MINUTI
SU AMORE, SONO LE 11!
ORA MI ALZO, PROMESSO!
AMORE, È MEZZOGIORNO!
PERCHÉ NON MI HAI CHIAMATO PRIMA?!

TROVA TUTTI I GATTI!
TUTORIAL
HOW TO BE A HUMAN

LA SABRI E... I LAVORI DI CASA

Ebbene sì, da piccola ero disordinatissima e spesso, quando davo una mano ai miei nei lavori di casa, combinavo sempre un guaio dietro l'altro! Per fortuna crescendo è proprio cambiato tutto: ora la mia casa è sempre perfettamente ordinata e a me non capita mai, ma proprio MAI, di rompere qualcosa... ci credete tantissimo, vero?!

capitolo 2

IN VIAGGIO

NON SEI UN PO' TROPPO ALTA TU?
PRONTI PER LA DISCO DANCE!

OK, MA... PROVA A METTERTI QUESTA!
SEI BELLISSIMA, DOROTHY!

PER PRIMA COSA, ABBIAMO FATTO TUTTI I VACCINI NECESSARI
POI ABBIAMO PREPARATO LE VALIGIE, CON I NOSTRI VESTITI (POCHI) E QUELLI DA REGALARE (TANTISSIMI!)
IL PRIMO VOLO, DALL'ITALIA ALL'ETIOPIA, È DURATO CIRCA 6 ORE.
QUI ABBIAMO DOVUTO ASPETTARE UN PAIO D'ORE PER PRENDERE IL SECONDO VOLO...

... CHE CI HA PERMESSO DI ARRIVARE IN MALAWI
POI L'AUTISTA CI HA PORTATI FINO A UNA CITTÀ CHE SI CHIAMA ZOMBA
E FINALMENTE, AL TERMINE DI QUESTO LUNGHISSIMO E BELLISSIMO VIAGGIO...
... ABBIAMO POTUTO ABBRACCIARE LA NOSTRA PICCOLA!

AMORE, MI ACCOMPAGNI AL DUTY FREE? MI SONO ACCORTA DI AVER DIMENTICATO LO SPAZZOLINO.
Terminal 1
MALPENSA
E IL PIGIAMA
E IL CARICABATTERIE
E LA VIDEOCAMERA
E I TRUCCHI

FARE I CASTELLI DI SABBIA È UN LAVORO COMPLESSO
CI VUOLE FANTASIA, MA ANCHE PRECISIONE
TUFFO A BOMBA
GWAAHVOLINI

IL MIO COCOMERO È CALDO. ME LO CAMBIA?
SUBITO SIGNORE,
ECCO IL SUO COCOMERO, SIGNORE.
MMH
È ANCORA CALDO. NON AVETE DEL COCOMERO FREDDO, PER FAVORE?
...
COSÌ VA BENE?
IO NON LO CONOSCO!
STONK

AMORE, E SE FOSSI INCINTA?
SOLO ANDATA
LA CUCARACHA LA CUCARACHA...

GIOCHIAMO! VOGLIO VINCERLI TUTTI!
PIÙ A DESTRA!
PIÙ A SINISTRA!
PIÙ IN BASSO!
YUHUUU!!!
UN POCHINO PIÙ A SINISTRA...

UN ALTRO! UN ALTRO!
PROVA AD ANDARE UN PO' PIÙ INDIETRO... ECCO!
DAI CHE CI SEI QUASI...
AMORE, MI DARESTI UNA MANO A CHIUDERE LA VALIGIA?
50¢
50¢

EHI, GUARDATEMI! CAMMINO SULL'ACQUA!
SONO IL CAPITANO DI UNA NAVE
ANZI, NO! SONO LA STATUA DELLA LIBERTÀ!
CAVOLINI!
GWAAAH
PRSSS

VOGLIO FARE UN VIDEO A TUDOR CHE SCIA!
WOW
CIAO TUDOOOR!
CIAO... SABRI?
CAVOLINI!

I miei disegni

ZAKO E GLI SNACKS

Zako non è un cane
particolarmente sportivo,
ma sono sicura che,
pur di avere uno snacks,
imparerebbe persino
a fare le capriole
e i tripli salti carpiati!

Sabri ♡

CHI ?
VUOLE..
UNO
SNACKS?

I FRATELLI PIÙ BELLI DEL MONDO!

AMORE MI RACCOMANDO, NON DORMIAMO CHE DOBBIAMO FARE LA GUARDIA AI BAGAGLI!
PRONTI A IMBARCARCI! TOKYO, ARRIVIAMO!

OH NO!
GW... AH... BLUB
RESISTI AMORE, TI SALVO IO!
BLUB
STAI BENE ADESSO?
SÌ AMORE, GRAZIE!
CHCK CHCK CHCK
ALLORA IO TORNO A PRENDERE IL SOLE, OK?
CERTO AMORE, GRAZIE ANCORA!
€

ANCORA AMORE? MA TI HO GIÀ SALVATO DUE MINUTI FA!
BLUB
DAI AMORE, NON HO VOGLIA ADESSO, SMETTI DI FAR FINTA DI AFFOGARE!
BLUB
E SE AFFOGAVO DAVVERO?! TU NON MI AVRESTI SALVATO! MI AVRESTI LASCIATO MORIRE! NON SI FA COSÌ!
CAVOLINI... OGNI VOLTA LA STESSA STORIA...

AAAAAAAAAAAAAAH
AAAAAAAAAAAAAAH
SCUSA SABRI, MA HAI PAURA DEL BRUCOMELA?!
NO, È CHE HAI UN RAGNO IN TESTA!
TOGLILO!!! MANDALO VIA!!!!!

AMORE, MI PRESTI LA TUA CARTA DI CREDITO?
VORREI COMPRARE DUE COSE A DOROTHY

PEO, VIENI A GIOCARE CON NOI?
VOLENTIERI! MA PRIMA MI AIUTATE A FINIRE IL CRUCIVERBA?
CERTO!
ROBUSTA FIBRA TESSILE
IUTA
PARTE DEL SESTANTE
ALIDADA

MATERIALE PER STUFE
GH...
GHISA
SPORT DA CAVALIERI
POLO
IL MIGLIORE AMICO DELL'UOMO
LO SO! È ZAKO!!!
EHM... CREDO CHE LA RISPOSTA GIUSTA SIA "CANE"
CAVOLINI

ORA CONCENTRATI BENE, DEVI FARE UN BEL SALTO! CAPITO?
PRONTO? SALTA PIÙ IN ALTO CHE PUOI!
SNAP
SÌÌÌ!!! CE L'HO FATTA!!! SONO LA PIÙ BRAVA DEL MONDO!
GRAZIE! GRAZIE A TUTTI!

GUARDA AMORE! I PINGUINI!
RICORDAMI PERCHÉ TI HO PROMESSO CHE TI AVREI SEGUITO IN TUTTI I VIAGGI...

SCRIVI TU

PRONTA A PARTIRE!

Anche a voi capita di fare le valigie,
controllare mille volte cosa
c'è dentro e poi accorgervi
solo all'arrivo di aver dimenticato
la metà delle cose a casa, vero?
Ditemi di sì, vi prego!

Sabri

capitolo 3

SASCHINA

IL MIO AMORE NON È PELATO!
E TU CHI SEI? LIL' SASCHA?

CI SIAMO, EPPURE MANCA QUALCOSA...
BURP
TU SÌ CHE SEI IL MIO AMORE!

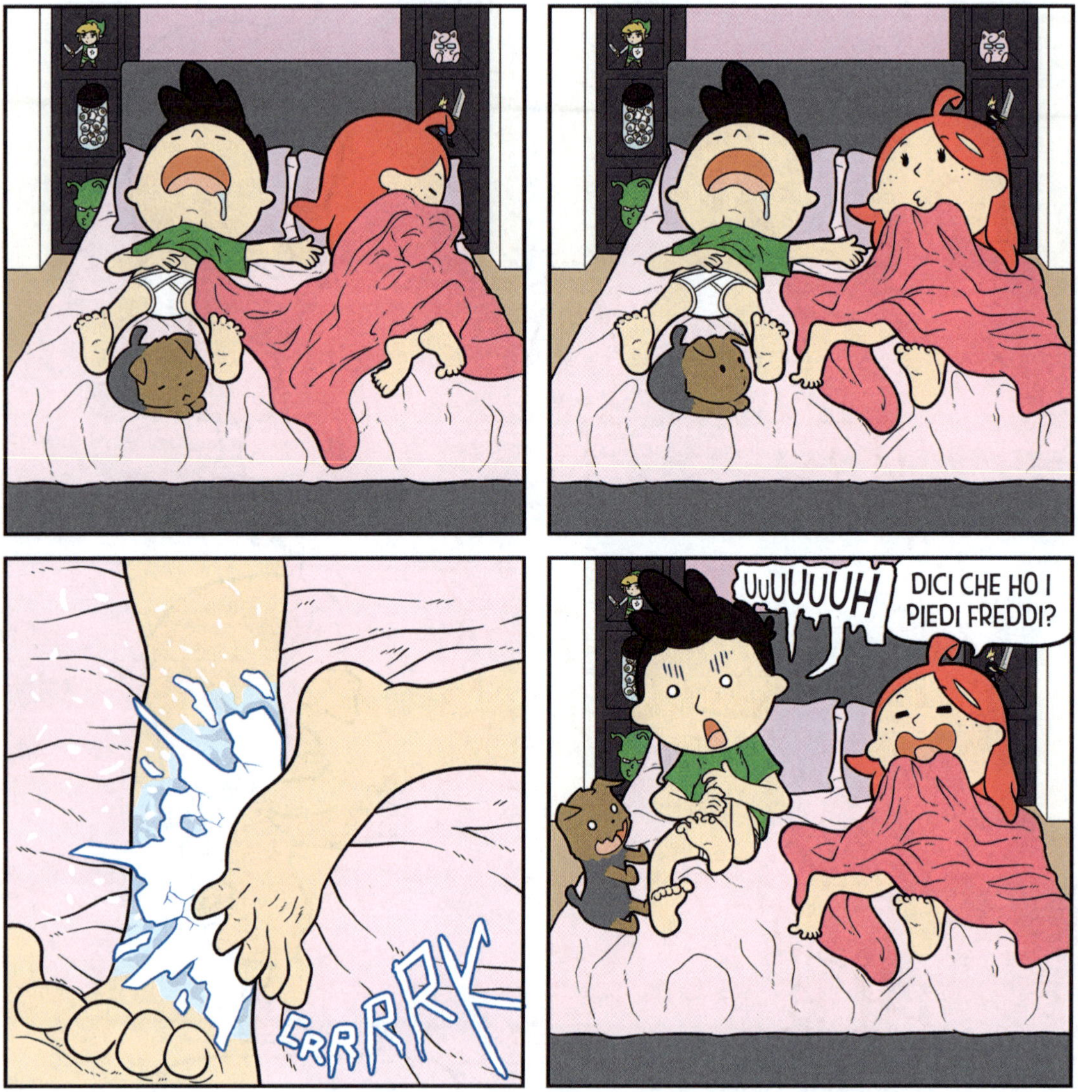

CRRRRK
UUUUUUH
DICI CHE HO I PIEDI FREDDI?

AMORE! DOVE HAI MESSO I MIEI OCCHIALI DA SOLE?!

AMORE! DOVE ANDIAMO IN VACANZA L'ANNO PROSSIMO?
POTREMMO ANDARE IN AMERICA... MAGARI IN CANADA, COSA NE DICI?
O IN BRASILE... COLOMBIA... CUBA...
LO SAPEVO... ANCORA GIAPPONE

AMORE, HAI DETTO CHE OGGI MI CUCINAVI UNA CENETTA ROMANTICA!
SÌ CERTO AMORE, NON ME LA SONO SCORDATA!
SÌ PRONTO, UN MENÙ GRANDE CON BIBITA IL PRIMA POSSIBILE
TADAN!

ALLORA SIAMO D'ACCORDO? DOMATTINA PALESTRA?
CERTO!
VOLENTIERI!
PASSO A PRENDERVI ALLE 10 CON LA COLAZIONE. MANGIAMO E POI ANDIAMO, OK?
BENISSIMO!
PERFETTO
NON È CHE POI COME AL SOLITO VI ADDORMENTATE E...
MA NO, FIGURATI! SAREMO PRONTI!
OK ALLORA, A DOMANI! ALLE 10!
A DOMANI! CIAO!

DING DONG
DING DONG DING
DING DONG
DONG DING
DING
AMORE, MI SEMBRA CHE STIANO SUONANDO ALLA PORTA...
MA NO, SARÀ UNO DI QUEI VENDITORI PORTA A PORTA, LASCIAMOLO SUONARE
HAI RAGIONE... BUONANOTTE!

IN THE NAME OF LOVE...
WHAT MORE IN THE NAME OF LOVE?
IL COCCODRILLO COME FA? NON C'È NESSUNO CHE LO SA!
... ASPETTA
AMORE, HAI CAMBIATO DI NUOVO LA MIA PLAYLIST?!

QUANTO MI TROVI SECS DA 1 A 10?
CAMBIATI O ESCO DA SOLO!

OH NO, C'È QUELLO CHE MI PIACE! NON VOGLIO CHE MI VEDA COSÌ!
ECCO, QUI NON MI VEDRÀ MAI!...
... ASPETTA, MA DOV'È ANDATO?
CIAO SABRI! COSA FAI QUI?
ACCAREZZO GLI ALBERI, È LA MIA PASSIONE

FAR AWAAAAAY FAR AWAAAAAAY
BEEN FAR AWAY FOR FAR TOO LONG
FAR AWAAAAAY FAR AWAAAAAAY
VRRR
RRRRR
MA NON POTREBBE MANGIARE UNA BRIOCHE A COLAZIONE COME TUTTI?

I miei disegni

VITA DA #SASCHINA

Vivere con Sascha a volte
vuol dire anche essere svegliata
nel bel mezzo della notte da rumori
molesti... per non parlare degli odori!
D'altronde, se dico che è
il mio Puzzolo un motivo ci sarà...

Sabri♡

BRRRRR
COSA E' STATO?
UN CAMION!
BRRRR
E QUESTO?
UN GATTO!
BRRRR
SEI SICURO?
OPS!
AIUTO!

YOUCAT
ISCRIVITI
PATATO
MA CHI È IL MIO AMORE GRANDE CHE IO AMO TANTISSIMO?
IL MIO AMORE GRANDE PIÙ BELLO DI TUTTI?
IL MIGLIORE DI TUTTI CHE IO AMO PROPRIO DA IMPAZZIRE?
GRAZIE AMORE, ANCH'IO TI AMO TAN...
VERAMENTE PARLAVO CON ZAKO...

GWAAAHH
CAVOLINI... MI SA CHE STASERA DOVREMO MANGIARE NEI PIATTI DI PLASTICA!

AMORE?
HM?
TI DISTURBO? STAI LAVORANDO?
SÌ, MA DIMMI PURE
NO, È CHE PENSAVO UNA COSA...
E DIMMELA, COSA SARÀ MAI...
FACCIAMO UN FIGLIO?
MA COSA?!

DAI, UN FIGLIO! UNO! CIOÈ, IO IN REALTÀ NE VORREI DUE...
MA SABRI...
MIA MAMMA HA GIÀ DETTO CHE CE LO TIENE OGNI TANTO! E ANCHE MIA NONNA...
MA IL LAVORO, LE COSE...
SÌ MA GUARDA CHE POI NON DEVI FARE NIENTE, SIAMO NOI DONNE CHE CI OCCUPIAMO DEI BAMBINI!
SABRI...
HAI GIÀ PENSATO A UN NOME? SE FOSSE FEMMINA A ME PIACEREBBE CHLOE. CHLOE BURCI: SUONA BENE, NO?
AIUTO!!!

GGGWAAH
CAVOLINI!

AMORE, PRENDIMI AL VOLO!
STO ARRIVANDOOO!
STOMP
PRENDIMIIIIIIIIIIII!
FORSE QUESTA SETTIMANA HO MANGIATO TROPPA CIOCCOLATA!

AMORE, MI METTI LA CREMA SULLA SCHIENA?
CERTO AMORE!
FATTO! VADO A GIOCARE A CALCIO CON GLI ALTRI ORA.
OK, GRAZIE!
SASCHAAAAAAA!!!
SE N'È ACCORTA! SCAPPIAMO!!!
SASCHA

TIENI AMORE, TI HO PRESO UN GATTINO PER IL TUO COMPLEANNO
PER IL MIO? SICURA AMORE NON SIA UN PRETESTO PER AVERE UN GATTINO IN PIÙ?
NO!
CHI È LA TUA MAMMA? MA CHI È LA TUA MAMMINA?
CAVOLINI!

ECCO FATTO!
E ORA CHE L'ALBERO È PRONTO...
... NON RESTA CHE AGGIUNGERE I REGALI!
QUESTI SONO PER THOMAS E NICOLE

QUESTI PER SURRY, ST3PNY E VEGAS
E QUESTI PER ZAKO E I MIEI GATTI!
MMM... NON AVRÒ DIMENTICATO QUALCUNO?
AMORE, TI HO PRESO UNA COSA BELLISSIMA PER NATALE!
CAVOLINI!

AMORE, SONO LA TUA BALLERINA?
CERTO CHE LO SEI!
E ORA SONO LA TUA GINNASTA?
SÌ AMORE, SEI LA MIA GINNASTA!
E ORA SONO LA TUA ATLETA?
LA MIA ATLETA PERFETTA!
E IO SONO IL TUO PUZZOLO?
CERTO CHE SEI IL MIO PUZZOLO, AMORE!

AMORE, HAI MICA VISTO IL MIO CRAVATTINO ROSSO?
NO NO!

SCRIVI TU

#SEMPREINSIEME

Cavolini, non siamo
troppo belli
io e il mio pezzo
di manzo?
Gli anni insieme
passano,
ma io lo amo
ogni giorno di più!

Sabri

capitolo 4

SABRI & CO.

UNA METÀ DI QUESTA NICOLE È "SBAGLIATA"
OK CHE TI PIACCIONO I CAVALLI, MA NON È TROPPO?

NICOLE NON SI VESTIREBBE MAI COSÌ!
TU SEI LA NICHI CHE CONOSCO!

GARA DI BOCCACCE BLAAAAAAAAAAH!
GARA A CHI TRATTIENE DI PIÙ IL FIATO MMMMMMH!
GARA DI SOLLETICO
IHIHIH!
GARA A CHI SI TOCCA IL NASO CON LA LINGUA!
PENSAVO DI AVERE FATTO DUE FIGLIE NORMALI, E INVECE...

HO VINTO
CAVOLINI...
APPENA SI GIRA GLI LANCIO IL JOYPAD FUORI DALLA FINESTRA

SABRI, VAI A RIFARE IL LETTO
CERTO MAMMA, LO FACCIO SUBITO!
MMMH... MANCA QUALCOSA
ECCO, COSÌ È PERFETTO!

MAMMA, POSSO USCIRE A GIOCARE CON I MIEI AMICI
CERTO
DOPO CHE AVRAI LAVATO I PIATTI...
FATTO!
... E MESSO A POSTO LA CAMERA
FATTO!
... E FATTO I COMPITI DI MATEMATICA
CAVOLINI

RAGAZZI, VI VA SE FACCIAMO UN VIDEO?
OK!
MACCHINA DELLA VERITÀ
ALLORA GIOCHIAMO ALLA MACCHINA DELLA VERITÀ!
COMINCI TU AMORE?
FUNZIONA COSÌ: IO TI FACCIO UNA DOMANDA, SE DICI LA VERITÀ OK, ALTRIMENTI SUONA TUTTO
DAI, INIZIAMO!
HAI MAI TRADITO SASCHA?
NO!
BEEP BEEP

MA COME MI HAI TRADITO?! CON CHI?! QUANDO?!
MA NO AMORE GIURO! NON TI HO MAI TRADITO!
TRANQUILLI, NE PROVIAMO SUBITO UN'ALTRA
AMI SASCHA?
SÌ!
BEEP
BEEP
MA NON È VERO AMORE, LO SAI CHE TI AMO!
ADESSO PER FARTI PERDONARE VAI SUBITO A PREPARARCI UNA CENETTA!
COSA T'AVEVO DETTO? C'È CASCATA! ERO IO A CONTROLLARE LA MACCHINA

SABRI, NON POTREMMO ABBASSARE UN PO' LA TEMPERATURA?
SEI MATTO! SOTTO I 30° È INVERNO!
SNACKS
30°
I ♥ CATS

SENTI QUESTA!
O-O-O-OCCHI DI GATTO
TROPPO ALTA!
TE NE FACCIO UN'ALTRA:
GUARDA GUARDA IN CAMPO C'È UNA NUOVA GIOCATRICE
TROPPO BASSA
OPPURE QUESTA:
SULLA CIMA DELL'OLIMPO C'È UNA MAGICA CITTÀ! GLI ABITANTI DELL'OLIMPO SONO LE DIVINITÀ
TROPPO STONATA!
MA SE 'NVECE DE CANTA' ANNASSIMO A FA'N GIRO FORI?
CAVOLINI

HEY! COME VA?
CIAO! COME TI CHIAMI?
MA SALVE...
HAI FINITO DI RUBARMI IL CANE PER FARE IL PROVOLONE CON LE RAGAZZE?
QUALE CANE?... EHM... VOLEVO DIRE... NOOO!

ECCO, QUESTO È PERCHÉ HAI IL NASO GROSSO!
PRENDI QUESTO, QUATTROCCHI!
FERMI TUTTI, RAGAZZI! COSÌ NON VA!
EHI! GIOCHIAMO INSIEME, CHI PERDE PAGA LA CENA!

I miei disegni

LA DIETA DEL SONNO

Una testimonianza di quella volta (anzi, forse anche più di una...) che ho detto a Sascha: «Amore, mi preparo per andare in palestra!»... e poi lui mi ha trovata a letto che dormivo, dopo aver mangiato mille snacks!

Sabri♥

BEYBE, UAI DONT IU JAST IN TE MIDDOL!

PAPI, GUARDA IN CAMERA CHE CI FACCIAMO UNA FOTO!
NO, IO FACCIO IL FIGO CHE GUARDA L'ORIZZONTE

GIOCHIAMO A TWISTER?
SABRI, MA IO...
ZITTO E GIOCA!
Twister
ALLORA IO FACCIO IL CAPO E GIRO, TUTTI PRONTI?
E ADESSO INVECE PIEDE DESTRO SUL VERDE!
NON VALE GIOCARE CONTRO UN DALTONICO!

CIUL LETTO
CAVOLINI... NON AVRÒ INVITATO TROPPA GENTE A DORMIRE DA ME?!

ALLORA È TUTTO PRONTO PER IL MATRIMONIO DELLA MAMMA DI SABRI? POSSIAMO ANDARE?
SÌ, CERTO, MA...
... MA DOVE L'HAI MESSO IL REGALO?
QUALE REGALO? AVEVI DETTO CHE LO PRENDEVI TU!
NO, IL REGALO TOCCAVA A TE! IO HO ADDOBBATO LA MACCHINA!
RECEPTION
E IO HO PRESO I FIORI! AL REGALO DOVEVI PENSARCI TU
NO, TU!
NO, È COLPA TUA!

E ADESSO COSA FACCIAMO?
DOBBIAMO FARCI VENIRE UN'IDEA!
RAGAZZI!
SIETE PRONTI? MIA MAMMA STA ARRIVANDO!
CERTO!
TUTTO BENISSIMO!
E SE PRENDESSIMO QUESTA?
CI STO!
NON CI CREDO CHE L'HANNO FATTO DAVVERO!
AUGURI!
CONGRATULAZIONI!

COSA HAI FATTO A TUA SORELLA?
NON SONO STATA IO!
NUUUU! HO LA GARA TRA 5 MINUTI

ALLORA, COME VA? SEI PRONTA PER IL MATRIMONIO?
EH, INSOMMA, MANCA SOLO IL PARRUCCHIERE...
MA CHE PARRUCCHIERE, FACCIO IO!
IN CHE SENSO?
COSÌ!!!!
GWAAAAAAAH
VRRRRRR
MAMMA, TUTTO BENE?

YUUUHUUU
CRACK
NONNA! ATTEN...

CHE C'È POPO? TI ANNOI?
EHM, SI CHIAMA TOPI
SÌ, UN PO'
VIENI QUI CHE TI FACCIO FARE UN DISEGNO IMPORTANTISSIMO CHE SARÀ SU UN LIBRO VERO
WOW, SÌ
MA È BELLISSIMO POPO!
COME BELLIS-SIMO??? AIUTO MI RIMPIAZZA
QUANDO ESCE IL "NOSTRO" LIBRO?

SCRIVI TU

LE PREVISIONI DEL TEMPO DELLA NONNAGAMER!

Mia nonna è una grande: non solo è un idolo, piena di energia ed entusiasmo, ma è anche una complice perfetta per ogni scherzo che mi venga in mente di fare. E poi, come alcuni di voi già sapranno, è fortissima con le previsioni meteo... e non solo!

Sabri

-2
-2
-1
-1
Meteo con La Nonna

capitolo 5

LA SABRI... E VOI!

QUESTO ZAKO HA GLI OCCHI STRANI...
ZAKO NON HA LA CODA COSÌ LUNGA!

SCUSA, MA TU NON SEI ZAKO!
HAI VISTO ZAKO? SEI PROPRIO TU

RAGAZZI, FA CALDISSIMO QUA FUORI! CHE NE DITE SE MI BUTTO ANCH'IO?
YEEE! SÌ! VIENI! TI PRENDO IO!
PRONTI ALLORA? MI BUTTO?!
A VOLO D'ANGELO!
CAVOLINI!

PUZZATE, MA VI AMO TANTISSIMO

LA SOMMA DEGLI ANGOLI INTERNI DI UN TRIANGOLO CORRISPONDE A 180°
NELLA TUNDRA NON CRESCONO ALBERI, MA SOLO MUSCHI E LICHENI...
LA DISTANZA FRA LA LUNA E LA TERRA È DI CIRCA 384.400 CHILOMETRI
LA DOMUS ERA LA CASA DEI PATRIZI ROMANI

EHI, PSSST!
METTI VIA QUEL TELEFONO ORA
I VIDEO POSSIAMO GUARDARLI INSIEME A CASA OGGI POMERIGGIO
MA SOLO DOPO AVER FATTO I COMPITI, OK?
HAI RAGIONE!

QUANDO LA SABRI È IN VENA DI COCCOLE...

SABRI, QUESTO È PER TE!
GRAZIE CACCOLETTA!
SABRI, TI HO PORTATO UNA COSA!
GRAZIE TESORINO!
TIENI, TI HO PORTATO UNA COSA!
MA È BELLISSIMO!!!
AMORE, STO TORNANDO! POTRESTI FARE UN PO' DI SPAZIO?
REGALI DI SABRI

COSA È SUCCESSO PICCOLA? PERCHÉ PIANGI?
I MIEI COMPAGNI MI PRENDONO IN GIRO... DICONO CHE SONO BRUTTA E NON VALGO NIENTE
NON PERDERE TEMPO AD ASCOLTARLI! GUARDA QUI PIUTTOSTO
SAI CHE UN GIORNO DA GRANDE POTRESTI DIVENTARE UNA PRINCIPESSA?

OPPURE UN'ASTRONAUTA! TI PIACEREBBE VOLARE NELLO SPAZIO?
E PERCHÉ NON UNA CAMPIONESSA DELLO SPORT?
TU SEI BELLISSIMA E VALI TANTISSIMO. E LO SAI PERCHÉ SEI COSÌ SPECIALE?
PERCHÉ SONO UNICA?
BRAVA! E NON DIMENTICARLO MAI PIÙ!

CARICA
3000
1 Minuto fa
TROVATA!
CAVOLINI...

QUANDO LA SABRI VUOLE FARE LA GINNASTA...
LA SABRI

SFIDA DI DISEGNO!

Ho fatto una gara con Peo, decidendo a turno cosa disegnare, e questo è il risultato.

SABRI: un lecca lecca GIGANTE centrale.
PEO: un ZORRO angioletto che vuole il lecca lecca.
SABRI: un TORNADO che arriva dal cielo.

Cosa ve ne sembra? Non pensate anche voi che il disegno di sinistra sia molto più bello?! Ho palesemente vinto io, VERO?

PEO: a fermare il TORNADO arriva un GATTO dai poteri DIVINI.
SABRI: un FULMINE che scava un buco nel terreno.
PEO: una SABRI che PIANGE al centro.

QUANDO LA SABRI HA UN ATTACCO D'ARTE...
LA SABRI
#LASABRI MI AMA

PRENDIAMO UN GELATO?
SEI PAZZA? FA INGRASSARE!
GELATERIA TOP
MA SOLO UNA PALLINA PICCOLA
NO
GELATERIA TOP
MAGARI ALLA FRUTTA CHE HA MENO CALORIE
HO DETTO NO! TI PREGO!
TOP
GELATERIA TOP

UNA MAGLIA ROSA TAGLIA S, GRAZIE!
ECCOLA!
I CATS
IO UNA FELPA BLU L!
I LOVE CATS
ANCHE PER ME, PERÒ S!
I CATS
IO DUE COLLANE GIALLE E UN PORTACHIAVI!
IO DUE PORTACHIAVI GIALLI E UNA COLLANA!
TRE MAGLIETTE VERDI S, DUE BLU M E UNA ROSSA L, GIUSTO?
NO, VOLEVO QUATTRO VERDI L, DUE ROSSE M E UNA BLU L!
I CATS

IO VORREI TRE PORTACHIAVI E DUE SPILLE!
IO QUATTRO BRACCIALETTI E DUE FELPE!
QUANDO ARRIVA LA SABRI?
IO VORREI UNO ZAINO ROSA!
IO DUE SPREMUTE E UN PANINO!
IO QUATTRO BRACCIALETTI VERDI!
UNO ALLA VOLTA, VI PREGO!
DUE MAGLIE!
QUATTRO COLLANE!
TRE ZAINI!
SABRIIIII!
UNA FELPA!
DUE PORTACHIAVI!
COME VA THOMAS? TUTTO BENE?
AIUTO
SOLD OUT
I ♥ CATS

QUANDO LA SABRI SCOPRE CHE NON AVETE STUDIATO...

EHI TU! I TUOI VIDEO SONO ORRENDI!
GELATERIA TOP
E ANCHE TU SEI ORRENDA, NON MI PIACI PER NIENTE!
E POI SEI ANCHE ANTIPATICA E...
HAI FINITO?
MA COSA...
VA BENE, ALLORA CIAO!

TIENI SABRI, TI HO PORTATO LE SALVIETTE CHE VOLEVI!
GRAZIE!
TI HO PRESO LE SALVIETTE PROFUMATE!
GRAZIE MILLE!
ECCO SABRI, COSÌ NON PUZZI PIÙ!
PERCHÉ, SI SENTE?
ACCIDENTI...
CLING

... IL GIORNO DOPO
SABRI! QUALI SONO LE SALVIETTE PER PULIRSI?
QUELLE ROSSE!
Bugie d'Aprile
LE VERDI SONO QUELLE ANTICALCARE!
OK!... SONO TUTTE ROSSE DOPO TUTTO...
Bugie d'Aprile
BRUCIAAAAH

QUANDO SEI "TROPPO PICCOLO"...
LA
SA

E QUANDO SEI "TROPPO GRANDE"...
LA

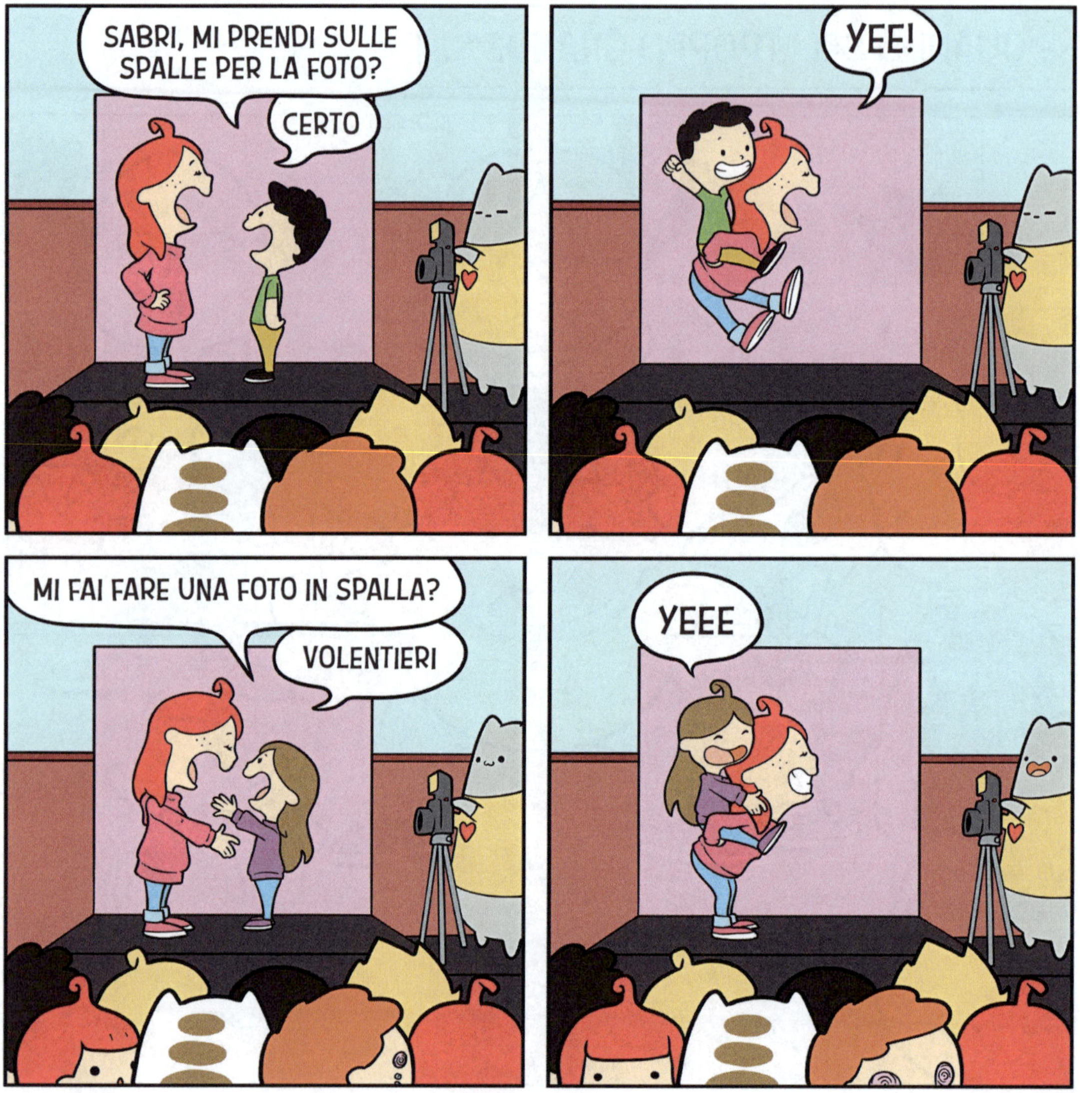
SABRI, MI PRENDI SULLE SPALLE PER LA FOTO?
CERTO
YEE!
MI FAI FARE UNA FOTO IN SPALLA?
VOLENTIERI
YEEE

CHEESE
WIII!
CCCHEEZZ
YE...EH...
EH EH EH
SABRI, TUTTO
BENE?

QUANDO LA SABRI DECIDE DI FARE UNA FOTO ARTISTICA...

SABRI, LA FIERA
È CHIUSA ORA
SÌ SÌ, FINISCO GLI
ULTIMI E POI VADO!

La Sabri
NO, QUI C'È QUALCOSA CHE NON VA!

BENE, AL LAVORO!
La Sabri Fa schifo
INIZIA AD ANDARE UN PO' MEGLIO
ANCORA QUALCHE RITOCCO...
I AM A HUMAN
il Bullismo Fa Schifo

SCRIVI TU

SIETE LA MIA VITA!

Voi davvero non avete idea
di quanto io vi ami e di quanto
siate importanti per me.
Non c'è niente di più bello
che incontrarvi agli eventi
e strapazzarvi tutti,
uno per uno!

Sabri

#LASABRIMIAMA

THE END...

Io con te e tu con me
Nelle gioie oppur nei guai non ci lasceremo mai
Io con te e tu con me
Siamo grandi amici io e te
In armonia, in sintonia
Un tutt'uno noi saremo, sempre uniti resteremo
Io con te e tu con me
Siamo grandi amici io e te...

Questa canzone, e anche l'immagine che vedete qui di fianco, solo con me e Zako al posto di Snoopy e Woodstock,sono prese da un cartone animato che, da piccola, ho davvero consumato a forza di guardare (si chiama *Snoopy cane contestatore*: cercatelo, trovatelo e vedetevelo, è bellissimo!). Ci tenevo tanto a far sì che il mio libro finisse proprio come quel film che è stato così importante per me.
Vero che anche noi non ci lasceremo mai, Cavolini miei?
Vi amo!

Sabri

Pubblicato per

Rizzoli

da Mondadori Libri S.p.A.

ISBN 978-88-17-10832-4

Prima edizione: novembre 2018
Seconda edizione: novembre 2018
Terza edizione: dicembre 2018

Progetto grafico e imapaginazione: Paola Cannatella

Finito di stampare nel mese di dicembre 2018
presso Grafica Veneta, Trebaseleghe (Padova)

#LOVE
#CAVOLINI

#SNACKS
#CAVOLINI

#CAVOLINI

#FRIENDS #CAVOLINI

#NOALBULLISMO #CAVOLINI

CAVOLINI

#GYM #CAVOLINI

#PEZZODIMANZO
#CAVOLINI

#FAMILY #CAVOLINI

#ILOVECATS
#CAVOLINI

#SMILE #CAVOLINI

#LOVE #CAVOLINI